AF258440